Wie ein Tag am Meer

arsEdition

Wie ein Tag am Meer

arsEdition

Nach dem
Sternenhimmel
ist das Grösste
und Schönste,
was Gott
erschaffen
hat, das Meer.

Adalbert Stifter

WELCOME
OPEN
3:00AM

Inhalt

Gelassen läuft's besser 11

Der Zauber der kleinen Dinge 19

Forever young 31

Am Strand der Träume 39

Meeresblick bringt Glück 49

Purer Genuss 59

Hinein ins Abenteuer! 69

Ich bin so frei! 79

Im Meer der Liebe 89

Raus aus der Falle – Rein in die Frische! 101

Frei wie das weite Meer 111

Bei sich selbst ankommen 121

Der Tag am Meer 133

Einleitung

Die Möwen kreisen über dem scheinbar unendlichen Blau. Unter ihnen rauscht das Meer, dessen Wellen silbern in der Sonne glitzern, bis sie sich mit tosendem Weiß am Strand brechen. Sie bringen Muscheln, Steine und andere geheimnisvolle Schätze aus der Tiefe des Meeres ans Licht.

Der Sand ist weich und warm und kitzelt angenehm an den Füßen. Der Wind zerzaust einem das Haar, und die Seeluft weht einem mit aller Frische um die Nase. Die Luft schmeckt salzig und … nach Freiheit und Abenteuer. Am Horizont, hinter dem Leuchtturm kann man ein Schiff erkennen. Bedächtig gleitet es mit seinen weißen Segeln in die Ferne. Auf den einsamen Dünen raschelt das Gras, lässt sich vom Wind streicheln. Auf dem endlos langen Strand kann man stundenlang spazieren gehen, sich in

Tagträumen verlieren oder die Augen nach kleinen Schätzen offen halten. Wenn man keine Flaschenpost findet, dann wird es höchste Zeit, dass man selbst mal eine schreibt. Oder aber man stürzt sich in die kühlen Fluten, rennt mit den Wellen um die Wette und schlägt Purzelbäume am Strand. Denn plötzlich ist sie wieder da, diese unglaubliche Energie. Sie scheint direkt vom Meer auf einen übergegangen zu sein. Das Meer macht den Kopf frei, die Seeluft braust in jeden Winkel des Körpers und pustet die Sorgen davon. Was bleibt, ist absolute Klarheit der Gedanken und das Gefühl der Freiheit. Man genießt den Fall in die Schwerelosigkeit, gönnt seinen Gedanken jeden Freiraum und lässt sich ohne Rettungsring ins Abenteuer treiben. Es gibt nur noch das Hier und Jetzt. Man ist angekommen, am Meer und bei sich selbst.

Gelassen läuft's besser

Das Meer ist fast ständig in Bewegung, und dennoch strahlt es keine Hektik aus. Das beruhigende Auf und Ab der Wellen scheint zu sagen: Es kommt, wie es kommt.
Und kommt es heute nicht, dann kommt es garantiert morgen. In dieser Ruhe liegt eine unglaubliche Kraft.

Geh den gleichen Schritt

mit der Natur.

Ihr Geheimnis heißt Geduld.

~ Ralph Waldo Emerson ~

Es spielt keine Rolle,

wie viel Zeit man erhält,

wenn es nichts gibt,

wo sie bleiben könnte.

Durch ein durchlöchertes Gemüt

rinnt sie durch.

Seneca

Zeit zum Aufatmen, die Dinge einfach laufen lassen, zur inneren Ruhe finden. Eigentlich ganz einfach: Man muss nur den Rhythmus des Meeres in sich aufnehmen, sich von den Wellen umhüllen lassen, in aller Seelenruhe schweben und sich treiben lassen. Ob man einfach nur faulenzt oder bei Meditation und Yoga Körper und Geist entspannt – man gönnt sich seine ganz persönliche Verschnaufpause. Die Sorgen verschwinden im Gestern und unbeschwert lebt man in den Tag hinein, schaut gelassen und sorgenfrei in die Zukunft.

Jeder braucht solche Inseln der Ruhe und des Friedens, auf denen man einfach im Sand liegt, den Kontrollalarm im Kopf ausschaltet, den Wolken zusieht und die Seele baumeln lässt. Das ist Entspannung pur. Zeit, einfach nur zu leben. Was morgen ist und gestern war, wird vom Wind davongeweht. Hier herrscht absolutes Zutrittsverbot für Stress, Alltag und Sorgen. Dafür gibt es aber jede Menge Platz und Zeit zum Lustwandeln und für Mußestunden. Herrlich, mal so richtig abzutauchen!

Warum war man gestern eigentlich noch so gestresst? Kann man diese «Gelassenheit» nicht einfach einpacken und mit ins Büro nehmen?

Der Zauber der kleinen Dinge

Man sieht oft
etwas hundertmal,
tausendmal,
ehe man es
zum ersten Mal
richtig sieht.

Christian Morgenstern

Zauberei und Wunder – das ist doch nur was für Kinder und gibt es nur in verstaubten Märchenbüchern! Mag sein, dass sich kein Frosch in einen Prinzen verwandelt oder man nicht plötzlich von einem Goldregen überschüttet wird. Wer nur auf die großen Wunder wartet, übersieht die kleinen. Und die stehen einem manchmal so direkt vor der Nase, dass man sie nicht wahrnimmt. Vielleicht hat man auch nur verlernt, sie wahrzunehmen. Doch wenn man ganz Auge und Ohr ist, dann eröffnet sich einem der Zauber der kleinen Dinge.

Strand-Impression

Die Welt steckt voller Schönheit und das Meer voller Wunder. Allein die Farbe des Meeres verwandelt sich ständig, scheint selbst wie verzaubert und verzaubert gleichzeitig die Dinge, die tief im Meer ruhen. Über dem Meer gleiten die weißen Wolken in märchenhaften Formen. Am Horizont vereinigt sich der Himmel mit dem Meer in einem tiefblauen Kuss. Die kleinen Dinge wahrzunehmen, heißt auch, sie zu spüren, sie zu berühren – um sich dann von ihnen tief im Herzen berühren zu lassen. Jede Muschel, jeder Stein und jede Vogelfeder hat eine andere Farbe und Form, denn jeder von ihnen ist einzigartig und hat seine ganz eigene Geschichte zu erzählen. Wenn man sich Zeit nimmt und sich von ihnen be- oder sogar verzaubern lässt, verraten sie einem vielleicht ihr Geheimnis oder erzählen von einem großen Abenteuer.

Wir mögen

die Welt durchreisen,

um das Schöne zu finden,

aber wir müssen es

in uns tragen,

sonst finden wir es nicht.

Ralph Waldo Emerson

Nicht nur am Meer, überall gibt es kleine Kostbarkeiten zu entdecken. Nimmt man seine fünf Sinne zusammen und schenkt der Schönheit des Einfachen und Alltäglichen Achtung und Aufmerksamkeit, kann man immer wieder kleine Wunder aufspüren. Behutsam riechen, schmecken, hören, sehen und fühlen – annehmen, was die Natur uns schenkt, und sich dann von den Wundern des Lebens verzaubern lassen, das ist der richtige Weg zum Glück.

Man sollte Anteil nehmen
an der Freude,
der Schönheit, der Farbigkeit
des Lebens.

Oscar Wilde

SEA SHELL SOA
WITH JOJOBA OIL
net

Forever young

Als Kind wünscht man sich, so schnell wie möglich erwachsen zu werden. Und als Erwachsener vergisst man viel zu schnell, wie es war, ein Kind zu sein. Doch das Kind in einem hat sich scheinbar nur versteckt und wartet darauf, wieder entdeckt zu werden.

Kannst du

einen Stern berühren,

fragte man es.

Ja, sagte das Kind,

neigte sich und

berührte die Erde.

Hugo von Hofmannsthal

Die Wellen spülen Erinnerungen von glücklichen Kindheitstagen an Land, man hört Kinderstimmen lärmen, lachen und kichern – und plötzlich fühlt man sich an den Strand seiner eigenen Kindheit zurückversetzt. Man spürt die Lust, all die vielen Erinnerungen aufzufrischen, in die kleinen Fußstapfen im Sand zu treten, herumzualbern und herumzutollen, bis einem ganz schwindlig wird. Ins Wasser zu springen, einen Handstand zu machen und die Wellen zu fangen. Aus purem Spaß einfach rückwärts laufen, sich fallen lassen und einen Sandengel machen. Oder eine riesige Kleckerburg bauen und einen leckeren Sandkuchen backen.

Das Wesen wahrer Liebe
lässt sich immer wieder
mit der Kindheit vergleichen:
Beide haben die Unüberlegtheit,
die Unvorsichtigkeit,
die Ausgelassenheit, das Lachen
und das Weinen gemeinsam.

Honoré de Balzac

Echte Seeräuber stechen natürlich unter der Piratenflagge mit einem selbst gebauten Floß in See und kapern furchterregend ein feindliches Schlauchboot.
Sie spüren gefährliche Meeresungeheuer auf und retten schöne Meerjungfrauen. Nach dem heldenhaften Kampf hat man sich ein extragroßes Eis verdient. Sorgenlos und unbeschwert blinzelt man in die Sonne, die Wolken verwandeln sich in Drachen, Prinzessinnen und bunte Luftschlösser entstehen wie von Geisterhand.

Es gibt so viel zu staunen und zu entdecken, wenn man lernt, wieder mit neugierigen Kinderaugen durchs Leben zu gehen. Die Welt scheint auf einmal unsagbar groß, reich und geheimnisvoll und wartet darauf, von uns erobert zu werden.

Am Strand der Träume

Das Meer, in dessen dunklen Tiefen so manche geheimnisvolle Geschichte schlummert, ist der beste Ort, um sich berauschen zu lassen und in die Welt der Träume abzutauchen. Die Meeresfrische schafft Freiräume, hebt Grenzen auf und lässt einen voller Sehnsucht ins Blaue hinein träumen.

Die Traumbilder sind
wie Spiegelbilder im Wasser,
durch die Bewegung verzerrt,
und man muss verstehen,
in dem verzerrten Bilde
das Wahre zu erkennen.

ARISTOTELES

Ob man die Augen schließt oder den Wellen bei ihrem Spiel zuschaut, im Strandkorb in die Sonne blinzelt oder sich im Wasser treiben lässt – scheinbar für die Ewigkeit kann man sich seinen Tagträumen hingeben, in ihnen traumverloren wandeln, seiner Fantasie freien Lauf lassen oder sich mal etwas komplett Verrücktes zurechtspinnen. Im Traum ist alles erlaubt.

Träumen heißt:

durch den

Horizont blicken.

Weisheit aus Afrika

Und wenn man erwacht, war dann alles nur ein Traum? Sind Träume wirklich nur Schäume? Wenn der Traum verflogen ist, bleibt garantiert etwas von ihm in uns zurück. Manchmal nur ein konfuser Gedanke, ein angenehmes Kribbeln im Bauch oder ein unbestimmtes Gefühl. Träume sind Botschaften der Seele. Vielleicht ist jetzt die Zeit gekommen, den Traum umzusetzen, den eigenen Wünschen, Sehnsüchten und Hoffnungen eine Chance zu geben. Man braucht dazu keinen Traumfänger oder muss kein staatlich geprüfter Traumtänzer sein. Alles, was man tun muss, ist den Träumen sein Ohr zu leihen, die Traumbilder festzuhalten und bei der Erfüllung vielleicht hie und da ein klitzekleines bisschen nachzuhelfen.

Nimm dir Zeit
zum Träumen,
es ist der Weg
zu den Sternen.

~ Irische Weisheit ~

Meeresblick bringt Glück

In uns selbst
liegen die Sterne
des Glücks.

~ Heinrich Heine ~

Don't worry – be happy! Wie das geht? Ganz einfach: Jeder hat seinen eigenen Glücksstern und seine ganz persönlichen Glücklichmacher. Denn wie ein geheimnisvoller Schatz, der im Sand vergraben ist oder in den Tiefen des Meeres ruht, so liegt das Glück in einem selbst. Und man braucht gar keine große Schaufel, um es auszugraben, nur Zeit und Ruhe, es zu entdecken und wahrzunehmen.

Warum soll man im Schatten stehen? Zur Sonnenseite des Lebens ist es nur ein Schritt. Man muss kein mutiger Glücksritter sein, ihn zu wagen. Das Bauchgefühl, das bewusste Wahrnehmen der Gegenwart und die positive Energie, die einem das Meer schenkt, sind die richtigen Wegweiser zum großen Glück.
Mit den Füßen im Sand und dem Blick auf die unendliche Weite des Meeres wird einem plötzlich bewusst, wie schön diese Welt und dieser Augenblick sind. Und ist es nicht ein unsagbar großes Glück, daran teilzuhaben? Kann es sein, dass das Glück die ganze Zeit da ist, man es einfach nur nicht sieht? Augen auf, Ohren auf, und fühlen und schmecken – und dann steht sie auf einmal vor einem: Die Riesenportion Glück mit extra viel Sahne obendrauf! Und jetzt einfach … genießen!

Ich glaube, dass das Glück
nur in der heiteren
Auffassung des Lebens
und in der Vortrefflichkeit
des Herzens und nicht
in den äußeren
Umständen liegt.

Fjodor M. Dostojewski

Jeder Mensch

will glücklich werden:

Um aber dieses Ziel

zu erreichen,

müsste er zunächst wissen,

was das Glück eigentlich ist.

~ JEAN-JACQUES ROUSSEAU ~

Purer Genuss

Heute gibt es keine Termine, keine dringenden Telefonate und auch keinen Freizeitstress – heute steht nur eins auf dem Programm: Genießen pur! Es ist Zeit, sich selbst zu verwöhnen und die Schokoladenseiten des Lebens so richtig auszukosten.

Sind wir da,

die Höhe der Sonne zu ermessen,

oder uns an ihren Strahlen

zu wärmen?

Genießen! Genießen!

~ Heinrich von Kleist ~

Ich weiß überall

in der großen Lebenswüste

irgendeine schöne Oase

zu entdecken.

~ Heinrich Heine ~

Bei einem Spaziergang am Strand sich vom Wind das Haar zerzausen und sich von der Sonne die Nasenspitze kitzeln lassen, bis man ohne Grund lachen muss. Oder das Meer am ganzen Körper spüren und in dem rauschenden Blau tanzen, bis man außer Atem ist. Die Zeit einfach anhalten, in Tagträumen schweben, sich ein Schläfchen am Strand gönnen. Sich Zeit nehmen für einen Cappuccino im Strandcafé oder einen richtigen Schlemmereisbecher. Wie wäre es mit einem romantischen Picknick am Strand? Oder einem Glas Wein zum Sonnenuntergang im Strandkorb?

الطاولة
المؤسسة العربية

Ob am Meer oder zu Hause: Es gilt, das Leben in vollen Zügen auszukosten, es genussvoll in sich aufzusaugen und dabei einfach mal überhaupt nicht an das Morgen zu denken. Sich selbst und seinen Körper mit einem Wellness-Tag verwöhnen.
Spüren, wie gut einem diese Auszeit tut. Sich bewusst den Genüssen des Lebens hingeben und so viel Nachschlag davon holen, wie man will. Ja, heute ist das Leben ein einziger Genuss …!

Alle Genüsse

sind schließlich Einbildung,

und wer die beste

Fantasie hat,

hat den größten Genuss.

Theodor Fontane

Postkarte
SEA FOOD
RESTAURANT
FROMAGE DE TRADITION
Fabriqué en Bretagne depuis 1921
Petit Breton

Hinein ins Abenteuer!

Perlen liegen nicht
am Strand,
wenn du eine willst,
musst du nach ihr tauchen.

Weisheit aus dem Orient

Das Meer ist nicht nur ein Ort der Entspannung und Ruhe, sondern auch eine Energiequelle. Hier kann man Kräfte sammeln und sie gleichzeitig erproben, indem man sich wagemutig ins Abenteuer stürzt. Denn Meerluft macht lebenshungrig. Jetzt heißt es kopfüber hinein ins Abenteuer und seine verwegene Seite entdecken. Langeweile ist ein Wort von gestern, heute sind wir leichtsinnig. Leinen los und volle Kraft voraus!

Wie ein Entdecker folgt man ohne Ziel und Karte geheimnisvollen Spuren im Sand, begibt sich auf Schatzsuche oder vergräbt selbst einen richtigen Schatz. In der Tiefe der Nacht wagt man sich in die dunklen Fluten und übernachtet unter dem glitzernden Dach des Sternenzelts. Man läuft mit den Wellen um die Wette und misst seine Kräfte, stemmt sich der Gewalt des Meeres entgegen.

Oder man taucht ab und lässt sich vom Abenteuer unter Wasser verlocken. Zeit, der Gefahr ins Auge zu sehen und sich tollkühn in eine Seeschlacht zu stürzen.
Das Leben ist voller Abenteuer – man muss sich nur instinktiv auf sie einlassen und tief im Herzen für sie bereit sein.

Für manche ist das ganze Leben ein Abenteuer, und manche würzen es noch zusätzlich mit einem Schuss Risiko. Egal, wie viel Draufgängertum in einem steckt, oder wie hoch das Wagnis ist, das man eingeht, Hauptsache, man spürt den Kick, die Abenteuerlust und das aufregende Kribbeln. Nur wer etwas riskiert, kann gewinnen. No risk, no fun!

Was wäre das Leben,

hätten wir nicht

den Mut

etwas zu riskieren?

~ Vincent van Gogh ~

Ich bin so frei!

Das Meer, das scheinbar bis in die Unendlichkeit reicht und die salzige Seeluft berauschen einen mit dem Gefühl der großen Freiheit. Man möchte sich ohne Rettungsring in die Wellen stürzen, den freien Fall genießen und alle Leinen, die einen an den Alltag gefesselt halten, kappen.

Mische ein bisschen Torheit
in dein ernstes
Tun und Trachten.
Albernheiten im rechten Moment
sind etwas Köstliches.

~ Horaz ~

Die Freiheit

besteht darin,

dass man alles tun kann,

was einem anderen

nicht schadet.

Matthias Claudius

Plötzlich bekommt man Flügel und fühlt sich frei wie eine Möwe im Wind – alles scheint möglich, es gibt keine Grenzen mehr. Das Loslassen von allem, was einen in innere und äußere Enge trieb, verleiht einem einen gigantischen Schub aus Kraft und Energie. Endlich hat man sie in sich selbst geschaffen – die Freiheit, auszuprobieren, was man schon immer mal wollte. Wer wagt, gewinnt! In diesem Freiraum gibt es keine Regeln. Wird einem das bewusst, scheinen die Möglichkeiten schier unendlich.

Das Gefühl der Freiheit ist nicht nur eine Frage des Raums, der einen umgibt. Vielmehr muss man sich selbst befreien, von seinen Lasten, den Schranken im Kopf, all den Vorurteilen, und seinen inneren Zwängen. Warum sich nicht mal ein paar Freiheiten herausnehmen, zwanglos und ungebunden seinen Wünschen nachgehen? Sicher hat der Alltag viele ungeschriebene Gesetze, aber wer sagt denn, dass man ihnen immer gleich folgen muss? Mut zur Lücke – und hinein in den Freiraum!

Man muss, will man
sein Glück genießen,
die Freiheit
zu behaupten wissen.

~ Christian Fürchtegott Gellert ~

Im Meer der Liebe

Wer das Glück
genießen will,
muss es teilen,
denn es wurde
als Zwilling geboren.

Lord Byron

Sein Glück mit jemandem zu teilen, heißt, es zu vergrößern. Wenn man zu zweit durchs Leben geht, schimmern die Sonnenseiten oft noch heller und die schweren Schicksalsstürme sind nur halb so schlimm. Egal, ob beste Freundinnen, langjährige Freunde, oder innig Liebende – wer Freundschaft und Liebe für jemanden im Herzen trägt, ist reicher als jeder Millionär.

Am Meer kann man sich ganz den zarten Wellen der Liebe und Zuneigung hingeben und nur von Luft und Liebe leben. Barfuß am Strand und Hand in Hand in die Unendlichkeit spazieren, in den Augen des anderen wie im Meer versinken und sich gemeinsam treiben lassen. Eine romantische Liebeserklärung, oder verführerische Geständnisse als Flaschenpost oder in den weichen Sand geschrieben, lässt die Schmetterlinge so richtig tanzen und verleiht einer alten Liebe neue Frische. Und da Liebe ja bekanntlich durch den Magen geht – wie wäre es mit einem ausgiebigen Picknick im Strandkorb? Schließlich hat man sich zum Fressen gern.

Freundschaft ist

wie eine Spur,

die im Sand verschwindet,

wenn man sie

nicht beständig erneuert.

Weisheit aus Afrika

Jetzt ist es Zeit, füreinander da zu sein, sich gegenseitig liebevoll zu verwöhnen. Solche Mußestunden können angefüllt sein mit langen Gesprächen, Poesie und Kerzenschein. Dabei träumt man sich gemeinsam in die Ferne und schwebt in den siebten Himmel davon. Die Wolken sehen plötzlich aus wie kleine weiße Herzen, und da ist es wieder: das Kribbeln im Bauch und die Gänsehaut wie beim ersten Kuss. Das Herz möchte vor Freude zerspringen und man wünscht sich, dass dieser Moment nie vergeht.

Willst du

geliebt werden,

so liebe.

~ Seneca ~

Kleine romantische Inseln kann man sich an jedem Ort der Welt schaffen, wenn man will, jedes Wochenende, jeden Tag. Wenn man dem Gefühl folgt, mit dem Herzen sieht und auf den Zauber und die Kraft der Liebe vertraut, sie annimmt und immer wieder neu umsetzt. Liebe ist ein Geschenk, das man pflegen muss. Durch gegenseitige Güte und Toleranz, Verständnis und Vergebung kann Liebe in die Unendlichkeit wachsen.

Raus aus der Falle – Rein in die Frische!

Schlapp, verspannt und lustlos – das Gefühl kennt jeder. Dabei muss man sich nur einen kleinen Ruck geben und sowohl den körperlichen als auch den geistigen Ballast im hohen Bogen abwerfen. Mit Sport und Wellness lassen sich Körper und Seele in Topform bringen. Und ist einmal der erste Schritt getan, spürt man, wie gut es dem Körper tut und wie die Seele vor Gesundheit strotzt. Denn Sport ist nicht Mord, sondern aktiviert zuverlässig jede Menge Glückshormone.

Ein Spaziergang

am frühen Morgen

ist ein Segen

für den ganzen Tag.

— Henry David Thoreau —

Wie eine magische Salbe heilt die Seeluft Geist und Körper. Wenn man auf die Kräfte des Meeres vertraut und seine Seele in Einklang mit der Natur bringt, verfliegen die Lasten des Alltags und verwandelt man sich in ein wahres Energiebündel. Bei einem Bad am Morgen in den kühlen Fluten werden alle Lebensgeister wachgerüttelt. Man meint, jede einzelne Zelle seines Körpers spüren zu können. Man hat den Drang, sich zu bewegen, im Sonnenaufgang zu joggen oder mit der sanften Kraft des Yoga seine Lebensenergie zu steigern und Körper und Geist zu vereinigen.

Man muss nicht gleich ein Mammut-Training starten. Meist reicht schon ein kleiner Aufwand, um eine große Wirkung zu erzielen. Nicht alle lästigen Gewohnheiten können auf einmal abgelegt werden. Aber ein kleiner Vitaminschub kann schon mal jede Menge Energie für den Fastfood-Alltag bringen.

Gib der Seele

einen Sonntag und

dem Sonntag

eine Seele.

~ Peter Rosegger ~

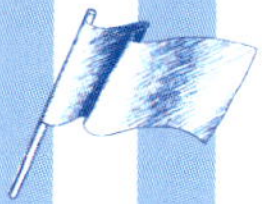

Der Glaube

an unsere Kraft

kann sie ins Unendliche

verstärken.

~ Friedrich von Schlegel ~

Um Körper und Geist in wahrer Balance zu halten, darf man das ausgiebige Entspannen nach dem Work-out nicht vergessen. Jeder kann sich dazu seine ganz persönliche Chill-out-Zone schaffen, in der man vom Kopf bis zum kleinen Zeh so richtig relaxen darf. In einer Badewanne mit dampfenden ätherischen Ölen kann man abtauchen und Verspannungen lösen. Oder sich mit fernöstlichen Ritualen wie der Massage mit angewärmten Steinen verwöhnen. Man spürt so die wohltuende Harmonie zwischen Körper, Geist und Natur und schöpft aus ihr unendliche Kraft.

COPENHAGUE
BOAT FOR
RENT
GRESHAM HOTEL

Frei wie das weite Meer

Das Meer verweigert

auch den kleinsten Flüssen

nicht den Zutritt,

daher seine Tiefe.

~ Weisheit aus China ~

Im Alltag, in dem man tagaus tagein mechanisch durch die Welt geht und weder nach links noch nach rechts schaut, nimmt man viele Chancen und Möglichkeiten gar nicht wahr. Es ist, als ob man sich selbst Scheuklappen angelegt hätte. Dabei gibt es so viel zu entdecken! Wer mit offenen Augen und einem Lächeln durch die Welt geht, die Dinge hinterfragt und nichts als gegeben hinnimmt, kann sich selbst ungemein bereichern.

Also nichts wie raus aus dem Alltagstrott und Veränderungen und Überraschungen mit offenen Armen aufnehmen, sie als Chance begreifen und selbst den Mut aufbringen, mal etwas Neues zu riskieren. Es gilt, die Welt jeden Tag neu zu entdecken, das Staunen nicht zu verlernen und seine Nase ruhig überall frech reinzustecken.

Das Meer mit seiner Frische und Offenheit stachelt einen förmlich dazu an, etwas Neues auszuprobieren. Man kann ganz neue Seiten oder ungeahnte Talente an sich entdecken. Noch nie getaucht, Wasserski gefahren oder gesegelt? Jetzt ist die Chance da! Warum nicht mal mit echten Seebären zum Fischfang hinausfahren, von ihnen Seemannsknoten lernen und später zum Schifferklavier Seemannslieder singen – selbst, wenn man sich immer für unmusikalisch gehalten hat.

Es gibt so viele Möglichkeiten, sich selbst neu zu entdecken und die Welt aus einem anderen Blickwinkel zu betrachten. Dazu gehört auch, dass man anderen Menschen und Ideen offen und mit Toleranz entgegentritt, auf sie zu geht und sein eigenes Leben dadurch bereichert.

Die Zukunft hat viele Namen.

Für die Schwachen

ist sie das Unerreichbare.

Für die Furchtsamen

ist sie das Unbekannte.

Für die Tapferen

ist sie die Chance.

Victor Hugo

Um klar zu sehen

genügt oft

ein Wechsel

der Blickrichtung.

Deutsche Weisheit

Jeder Moment und jeder Ort ist dazu geeignet, neue Talente und Interessen zu entdecken und seinen Wissensdurst zu stillen. Man muss nur mit offenen Sinnen durch die Welt gehen, alle Eindrücke in sich aufsaugen und sich inspirieren lassen. Und dann braucht es nur noch ein kleines Fünkchen Mut und Energie, um den Schritt aufs Neuland zu wagen.

Bei sich selbst ankommen

Auf der Suche nach sich selbst kann man sein ganzes Leben lang sein. Wer sich immer wieder neu findet, sich in Veränderungen treu bleibt, alle Facetten seiner Persönlichkeit ausspielt, weiß den Wandel von Ankommen und Aufbrechen in ein neues Ich zu schätzen und zu genießen.

Der Blick auf das Meer schärft den Sinn für das Wesentliche und schafft Klarheit. Man hat Zeit und Ruhe, in sich hineinzuhorchen, seiner inneren Stimme zu folgen und seine verworrenen Gedanken wie einen Seemannsknoten im Handumdrehen zu lösen.

Jeder Tag soll und muss
einen Sinn haben,
und erhalten soll er ihn
nicht vom Zufall,
sondern von mir.

RAINER MARIA RILKE

Finde dich,

sei dir selber treu,

lerne dich verstehen,

folge deiner Stimme,

nur so kannst du

das Höchste erreichen.

~ Bettina von Arnim ~

Wie auch im Meer so schlummert vielleicht auch in einem selbst ein Geheimnis, das jetzt aus der Tiefe unserer Seele ans Licht drängt. Es zeigt neue Möglichkeiten, die eigene Persönlichkeit zu entfalten, sich auf Unbekanntes einzulassen und den eigens geschaffenen Freiraum zur Selbstverwirklichung zu nutzen. Der Anblick der blauen Weite löst das tiefe Verlangen aus, ganz neue Herausforderungen zu suchen, neue Lebensfreuden zu entdecken und hier und da aus der Reihe zu tanzen. Denn dort ist bekanntlich sehr viel mehr Platz für Körper und Geist.

Strand-Impression

Es ist Zeit, nicht mehr zu fragen, was das Leben mit einem vorhat, sondern sein Leben selbst in die Hand zu nehmen. Zeit, ins Licht zu blicken, die positive Energie des Meeres in sich aufzunehmen und sich damit neue Ziele zu stecken und sie umzusetzen. Sich selbst mit allen Sinnen wahrnehmen, sich wohl fühlen in seinem Körper und die Leichtigkeit des Seins mit allen Veränderungen und neuen Perspektiven ausleben – es gilt, dem Leben jeden Tag einen eigenen Sinn geben.

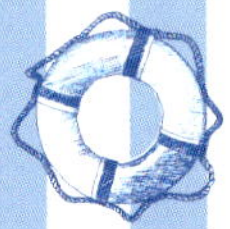

Alles, was du bist,

alles, was du willst,

alles, was du sollst,

geht von dir selbst aus.

~ Johann Heinrich Pestalozzi ~

Der Tag am Meer

Seele des Menschen,
wie gleichst du dem Wasser;
Schicksal des Menschen,
wie gleichst du dem Wind!

~ Johann Wolfgang von Goethe ~

Es wird Abend. Die letzten Sonnenstrahlen hüllen das Meer in einen rötlichen Traum. Die Boote kehren still in den Hafen zurück. Möwen ziehen kreischend ihre letzte Runde durch den Sonnenuntergang. Aus den kleinen Fischerhütten mit Schilfdächern leuchten gemütliche Lichter.

Dieser Tag war voller Magie. Man hat seinen Ruhepunkt gefunden, ist in sich gegangen, hat seinen Träumen und verrückten Ideen freien Lauf gelassen. Man hat alle Sorgen des Alltags ausgeblendet, ist in die blaue Tiefe abgetaucht und hat Körper und Seele mit einer Auszeit verwöhnt. Aus dieser Phase des Durchatmens hat man neue Lebensenergie geschöpft. Energie, um voller Tatendrang neue Herausforderungen anzunehmen, fremde Welten zu erobern und seine Persönlichkeit zu entfalten. Energie, sich auch im Alltagsleben kleine Inseln zu schaffen. Jeden Tag wie einen Tag am Meer leben, mehr nicht.

Alles ist wie der Ozean,

alles fließt und berührt sich.

An einer anderen Stelle

rührst du es an und

am anderen Ende der Welt

wird es gespürt und

hallt es wider.

DOSTOJEWSKI

Die Zeit

und das Wasser

verändern alles.

~ LEONARDO DA VINCI ~

Wenn die Wellen des Alltags wieder über einen hinweg schlagen sollten, und drohen, einen unter der Monotonie zu begraben, dann sollte man sich Zeit nehmen, sich zurücklehnen, und sich an das wohlige Rauschen des Meeres erinnern.

Das Meer kann überall sein, wenn man es wie einen wertvollen Schatz in seinem Inneren für sich aufbewahrt. Um Ruhe und Kraft aus dem unendlichen Blau zu schöpfen, bedarf es eigentlich nur einer Gedankenreise. Vielleicht reicht es ja, wenn man für einen Moment an einem Lieblingsort der Wahl die Augen schließt …

BILDNACHWEIS:
© gettyimages, München: Coverbild
Andrea Tilk: S. 6; S. 18/19; S. 38/39; S. 68/69; S. 110/111
Gerald Schwabe: S. 10/11; S. 116/117
Petra Schmidt: S. 17; S. 41 und alle Vignetten
Ulla Mayer-Raichle: S. 18; S. 22/23; S. 24; S. 27;
S. 58/59; S. 64/65; S. 72/73; S. 78/79; S. 88/89; S. 92/93;
S. 131; S. 132/133
© Flora Press: S. 30/31; S. 57; S. 84/85; S. 96; S. 106;
S. 128; S. 136/137; S. 142/143
Heinz Hirz: S. 35; S. 44; S. 48/49; S. 52/53; S. 124/125
Friederike Spieth: S. 100/101; S. 120/121

Text: Franziska Gehm
Illustration und grafische Gestaltung: elektrolyten,
Petra Schmidt, München; www.elektrolyten.de
Printed by Tien Wah Press
ISBN-13: 978-3-7607-2366-2
ISBN-10: 3-7607-2366-7

www.arsedition.de